Paris. — Imprimerie de E. Donnaud, rue Cassette, 9.

LES
FRANCS-MAÇONS

ET LA

COMMUNE DE PARIS

DU ROLE QU'A JOUÉ LA FRANC-MAÇONNERIE PENDANT LA
GUERRE CIVILE.

Interventions. — Démarches. — Réunions.
— Manifestations. — Résolutions. — Fédération

PAR

UN FRANC-MAÇON, M∴

PARIS

E. DENTU, LIBRAIRE-ÉDITEUR

PALAIS-ROYAL, 17 ET 19, GALERIE D'ORLÉANS

1871

BATTERIE D'OUVERTURE

A la gloire du G∴ A∴ de l'U∴

Ceci est une œuvre de conscience, d'histoire et de revendication, avec une devise : *A chacun selon ses œuvres.*

On me rendra cette justice que les faits mentionnés sont de la plus rigoureuse exactitude.

Ce que je raconte, je l'ai vu.

Ce que je répète, je l'ai entendu.

Quant à mes opinions et à mes jugements, c'est mon droit de les exprimer.

J'aime trop l'institution à laquelle j'appartiens pour ne pas chercher à prouver que si des maçons ont excité à la guerre civile, du moins la maçonnerie est étrangère à des violences qu'elle réprouve ;

Et que ceux qui ont taché de sang le drapeau maçonnique étaient des meneurs et non des ouvriers du temple de Salomon.

Nous sommes une société secrète pour faire le bien et non pour pousser au mal. Nos armes ne se chargent pas avec de la poudre et des balles et nous n'avons pas à accomplir une mission de bouchers.

A d'autres la guerre, l'égorgement, la destruction ; à nous la paix, le travail et la fraternité.

Ainsi donc : *A chacun selon ses œuvres.*

M.

INTERVENTIONS, DÉMARCHES, RÉUNIONS

LES
FRANCS-MAÇONS

ET LA

COMMUNE DE PARIS

CHAPITRE PREMIER

Démarches à Versailles. — Réunion du 24 à *la Redoute*. — Meeting
maçonnique du 26 au Châtelet. — Affiches. — Protestation du
G.˙. O.˙. — Manifeste de la franc-maçonnerie. — La franc-
maçonnerie à l'Hôtel-de-Ville. — L'écharpe de Vallès. — Menées.

Des délégués appartenant à un certain nombre de
loges de Paris partirent pour Versailles le 11 avril, afin
de tenter une démarche conciliatrice.

Accueillis par M. Thiers, ils reçurent pour réponse
que leur but était bon, mais non leur manière de pro-
céder ; qu'il fallait s'adresser plutôt à la Commune
qu'à lui et que ce qu'il fallait obtenir, c'était la sou-

mission des insurgés et non la démission du pouvoir légal.

Les délégués d'ailleurs n'avaient pas de mandat bien régulier ; on le leur fit un peu sentir.

C'est pourquoi des loges de Paris firent un appel aux membres de leurs ateliers, afin de nommer une commission chargée de définir nettement le mandat à donner à de nouveaux délégués.

Le malheur est que l'initiative de ces démarches ait été prise sous l'influence de plusieurs des membres de la Commune, maçons eux-mêmes. Cette influence fut rendue évidente par la teneur même du mandat impératif donné aux délégués dans une séance tenue le 21 avril :

1° Obtenir un armistice pour l'évacuation des villages bombardés ;

2° Demander énergiquement la paix à Versailles, *basée sur le programme de la Commune,* le seul qui puisse amener la paix définitive.

La franc-maçonnerie est une force, mais ce n'est pas quand elle avait impuissamment décrété la mort de Guillaume de Prusse qu'elle pouvait et devait prendre une attitude impérieuse.

Ses menaces étaient vaines ; et si, individuellement,

chacun de ses membres était libre de soutenir son opinion, collectivement, elle n'avait pas le droit de s'engager dans une voie en dehors de ses lois et de ses statuts.

Cependant les délégués allèrent à Versailles remplir la mission dont ils étaient chargés.

La première partie était dans le rôle de la philanthropique association dont ils étaient les représentants. D'ailleurs, la ligue d'*Union républicaine* travaillait depuis quelques jours dans le sens d'une suspension d'armes pour l'évacuation par les habitants du village de Neuilly ; la tâche de ce côté était donc facile ; mais quant à demander *énergiquement* la paix sur le programme de la Commune, la franc-maçonnerie abordait là un rôle politique qui n'était plus dans ses attributions.

Dans la réunion du 21 il fut décidé que les délégués feraient leur rapport le lundi 24, à deux heures de l'après-midi, dans la salle des Arts-et-Métiers, qu'une invitation serait, pour ce fait, adressée à tous les francs-maçons de Paris, et que l'assemblée, le rapport entendu, prendrait telle détermination qu'il conviendrait.

RÉUNION DU 24 AVRIL.

Vers deux heures, un grand nombre de Frères étaient réunis dans le square des Arts-et-Métiers ; mais le local qu'on pouvait leur affecter étant beaucoup trop exigu, il fut proposé de se rendre rue Jean-Jacques-Rousseau, à la salle de la *Redoute*.

Là, on fut encore obligé de se diviser en plusieurs salles et les délégués firent un rapport dont voici le résumé :

M. Jules Simon s'était chargé d'obtenir pour eux une audience de M. Thiers, et quoique la députation ne soit arrivée qu'à trois heures, alors que le rendez-vous avait été pris pour deux, le chef du pouvoir exécutif ne les reçut pas moins.

Glacialement — dit le compte rendu — M. Thiers répondit que pour la cessation des hostilités il en référerait au général de Ladmirault, mais que quant au reste « il défendrait l'Assemblée envers et contre tous... »

Cette communication faite sur leur démarche du 22 avril, les délégués se retirèrent et s'entendirent à l'effet de convoquer dans une salle unique les francs-maçons de Paris, afin de prendre en commun une résolution qu'ils auraient bien prise le jour même, si la difficulté du local n'avait séparé la réunion des Frères en plusieurs parties.

Cette réunion fut fixée au surlendemain 26 avril, à deux heures, dans la salle du théâtre du Châtelet. La plus grande publicité possible fut donnée à l'invitation faite aux francs-maçons.

De plus, des affiches portant en tête les trois points maçonniques

donnèrent un compte rendu de la réception qui avait été faite aux délégués. Ce compte rendu était signé de MM. Ernest Hamel, E. Baumann, Ed. Cercueil, Ragaigne, Prosper Douvet, Martin, Saugé et Chanut.

Au-dessous de ce document, se trouvait la déclaration suivante :

« En présence du refus du gouvernement de Versailles d'accepter les franchises municipales de Paris, les francs-maçons, *réunis en assemblée générale*, protestent et déclarent que, pour obtenir ces franchises, ils emploieront, à partir de ce jour, tous les moyens qui sont en leur pouvoir. »

Seulement on remarqua beaucoup que la plupart des signataires du manifeste ne figuraient pas parmi les adhérents à la déclaration de guerre imprimée un peu plus bas ; M. Ernest Hamel entre autres protesta, dans une lettre que nous donnons plus loin, sur le nouveau rôle que l'on voulait faire jouer à la franc-maçonnerie.

Les mots : *réunis en assemblée générale* attirèrent à cette réunion de maçons un *démenti officiel :*

GRAND-ORIENT DE FRANCE.

Une réunion maçonnique nombreuse, tenue au théâtre du Châtelet, a pris une détermination dans les termes suivants :

« Les francs-maçons réunis en *Assemblée générale* protestent... »

En l'absence du grand-maître et du plus grand nombre de nos collègues, nous, membres du conseil de l'ordre du Grand-Orient de France, croyons devoir déclarer publiquement : — Que la réunion générale de tous les représentants des ateliers de l'Obédience, régulièrement convoqués, a seule le droit de prendre le titre d'*Assemblée générale de la maçonnerie française ;* — qu'en *elle seule* réside la souveraineté maçonnique.

En conséquence, nous déclarons également que la franc-maçonnerie du Grand-Orient de France ne se trouve nullement liée par la résolution prise dans l'assemblée du Châtelet, et que cette résolution n'engage que les maçons qui y ont personnellement adhéré.

Paris, le 29 avril 1871.

Les membres du Conseil de l'Ordre,

DE SAINT-JEAN, MONTANIER, G. BÉCOURT, GALIBERT, GRAIN, RENAUD.

Cette lettre ne parut guère dans les journaux que le 30, et fut écrite lors de la manifestation du 29, laquelle dut son importance à ce que la généralité des francs-maçons croyaient marcher avec leur Conseil de l'Ordre en tète.

A titre de document, nous donnons ici le manifeste de la franc-maçonnerie rédigé au 8 avril et dont la rédaction était à la fois humanitaire, tendrement fraternelle, par-dessus tout éminemment patriotique, et en harmonie avec le rôle conciliateur inhérent à notre société.

MANIFESTE DE LA FRANC-MAÇONNERIE.

Paris, le 8 avril 1871.

« En présence des événements douloureux devant lesquels la France entière gémit, en présence de ce sang précieux qui coule par torrents, la franc-maçonnerie, qui représente les idées d'humanité et qui les a répandues dans le monde, vient une fois encore affirmer devant vous, gouvernement et membres de l'Assemblée, devant vous, membres de la Commune, les grands principes qui font sa loi et qui doivent être la loi de tout homme ayant un cœur d'homme.

« Le drapeau de la maçonnerie porte, inscrite sur ses plis, la noble devise :

Liberté. — Égalité. — Fraternité.

» La maçonnerie prêche la paix parmi les hommes et, au nom de l'humanité, proclame l'inviolabilité de la vie humaine.

» La maçonnerie maudit toutes les guerres ; elle ne saurait assez gémir sur les guerres civiles.

» Elle a le devoir et le droit de venir au milieu de vous et de vous dire : Au nom de l'humanité, au nom de la fraternité, au nom de la patrie désolée, arrêtez l'effusion du sang ; nous vous le demandons, nous vous supplions d'entendre notre appel !

» Nous ne venons pas vous dicter un programme ; nous nous en rapportons à votre sagesse, nous vous disons simplement : Arrêtez l'effusion de ce sang précieux qui coule des deux côtés, et posez les bases d'une paix définitive qui soit l'aurore d'un avenir nouveau !

» Voilà ce que nous vous demandons énergiquement, et si notre voix n'était pas entendue, nous vous disons ici que l'humanité et la patrie l'exigent et l'imposent. »

RÉUNION AU THÉATRE DU CHATELET LE 26 AVRIL.

Les frères présents étaient environ de quinze cents à deux mille. On ouvrit les travaux sous la présidence du F∴ Saugé. Un *orateur* fut nommé : le député Floquet (le F∴ Floquet appartient au rite Ecossais) et les maçons discutèrent la question à l'ordre du jour, c'est-à-dire la conduite qu'il fallait tenir en présence des événements.

La résolution fut celle-ci :

« Ayant épuisé tous les moyens de conciliation avec le gouvernement de Versailles, la franc-maçonnerie est résolue à planter ses bannières sur les remparts de Paris ; et si *une seule balle* les touchait, les F∴ M∴ marcheraient d'un même élan contre l'ennemi commun. »

Cette décision prise, les francs-maçons se rendirent à l'Hôtel-de-Ville où siégeait la Commune, pour lui en faire part.

Ne voit-on pas là la manœuvre coupable qui allait présenter à la mitraille les étendards de la maçonnerie ? Et tout n'était-il pas combiné à l'avance pour cela ?

La Commune y était trop intéressée pour ne pas avoir provoqué et dirigé ce mouvement.

« C'est la défaite de Versailles ! » avait dit le *Cri du peuple.*

LA FRANC-MAÇONNERIE A L'HÔTEL-DE-VILLE.

A l'annonce de la députation des francs-maçons, les membres de la Commune descendirent la recevoir dans la cour d'honneur.

Le F.·. Thirifocq porta la parole et dit :

« Depuis que la Commune existe, la franc-maçonnerie a compris qu'elle serait la base de nos réformes sociales. C'est la plus grande révolution qu'il ait jamais été donné au monde de contempler.

» Si au début du mouvement, ajouta-t-il, les francs-maçons n'ont pas voulu agir, c'est qu'ils tenaient à acquérir la preuve que Versailles ne voulait entendre aucune conciliation. Comment supposer, en effet, que

des criminels puissent accepter une conciliation quel-
conque avec leurs juges ? »

Des cris de : Vive la Commune ! Vive la franc-
maçonnerie ! Vive la République universelle ! répon-
dirent à l'orateur.

M. Jules Vallès, membre de la Commune, après avoir
remercié la députation, dénoua l'écharpe qu'il avait au
côté et la remit au F.·. Thirifocq qui déclara que cet
emblème resterait dans les archives de la franc-maçonnerie, en souvenir de ce jour mémorable.

Cette manière de donner son écharpe — qui rappelle
sous une autre forme l'anneau du doge de Venise se
mariant avec la mer Adriatique et le mouchoir que le
sultan jette à la favorite de son sérail — indique assez
l'étroite union que la Commune voulait contracter avec
la franc-maçonnerie. Ces hommes avaient besoin
d'honnêtes gens à côté d'eux.

La suite de la réception racontée par l'*Officiel* don-
nera plus que toutes les appréciations la juste mesure
de la comédie que la Commune a jouée devant la plus
respectable des institutions philanthropiques:

Le citoyen Lefrançais, membre de la Commune, déclare
ensuite que depuis longtemps déjà il était de cœur avec la
franc-maçonnerie, ayant été reçu dans la loge écossaise

n• 133, passant, à cette époque, pour une des plus répu-blicaines ; *qu'il s'était depuis longtemps assuré que le but de l'association était le même que celui de la Commune : la régé-nération sociale.*

Le citoyen Allix, membre de la Commune, ajoute que la Commune de Paris met en pratique, sous une forme nouvelle, ce que la franc-maçonnerie a depuis longtemps affirmé : que la construction du temple fut, certainement, pour l'époque, la réorganisation du travail.

Le F.˙. V.˙. de la *Rose écossaise*, dans une chaleureuse improvisation, annonce que la Commune, nouveau temple de Salomon, est l'œuvre que les F.˙. F.˙. M.˙. doivent avoir pour but, c'est-à-dire la justice et le travail comme bases de la société.

La députation s'est retirée après avoir enguirlandé sa bannière avec l'écharpe du citoyen J. Vallès, en empor-tant un drapeau rouge, après deux triples batteries aux rites français et écossais.

Une délégation de la Commune reconduisit la députa-tion maçonnique jusqu'à la rue Cadet.

La manifestation demeura fixée au samedi 29 avril.

LES MAÇONS SUBURBAINS.

Pour donner à la manifestation plus de membres et en augmenter l'effet moral sur Paris, on travailla la

banlieue et la pl. ·. suivante partit de la loge le *Globe*
de l'O. ·. de Vincennes :

« Devant les efforts tentés par le Grand-Orient pour
mettre un terme au douloureux conflit politique qui
sévit entre Paris et Versailles, la L. ·. le *Globe*, Or. ·.
de Vincennes croit devoir faire un chaleureux appel
aux ateliers de la banlieue et à tous les F. ·. séparés
en ce moment de leur centre d'action.

» Ne voulant négliger aucun moyen de fournir un
nouvel apport à une transaction basée sur nos principes, notre L. ·. tiendra une *Tenue extraordinaire* le
jeudi 27 *avril*, à midi très-précis, en son temple,
avenue des Charmes, 5, à Vincennes.

» Nous comptons, T. ·. C. ·. F. ·., sur votre concours empressé et nous vous présentons nos plus frat. ·.
salut. ·. »

Or, on croyait généralement que c'était le Grand-
Orient qui faisait cette manifestation ; cette pl. ·. en
est la preuve.

La plupart des maçons en étaient convaincus; qui,
autrement, aurait osé le faire ?

Le lendemain de la séance du Châtelet, eut lieu la
séance pour la banlieue.

Après Paris, la campagne.

Tout ce que nous en disons, c'est pour faire comprendre que l'excitation à la guerre civile et le redoublement d'animosité entre Français, qui a résulté de la manifestation du 29, n'est pas l'œuvre propre de la franc-maçonnerie. On l'a poussée. Elle comptait quelques fanatiques qui n'avaient pas attendu ce moment pour combattre. Plusieurs des membres de la Commune, initiés à nos S∴ M∴, ont voulu utiliser cette force respectable que la maçonnerie puise dans un amour du prochain et dans une inépuisable charité ; le grand nombre de ceux qui ont participé à la manifestation l'ont fait dans un but que je retracerai plus loin et surtout parce que la bannière était sortie du temple et qu'il y avait quelque grandeur à aller sans armes demander merci à des obus et à la mitraille fratricides.

LA MANIFESTATION MAÇONNIQUE DU 29

CHAPITRE II

Les invitations. — Les francs-maçons réunis au Châtelet ayant décidé qu'un appel serait fait à toutes les LL.·. de l'O.·. de Paris, à l'effet de se réunir, bannière en tête, samedi matin, à neuf heures, cour du Louvre, une note fut portée aux journaux qui l'insérèrent.

De son côté, le rite Écossais adressait à chaque frère de chaque loge de son obédience, la circulaire suivante :

T.·. C.·. F.·.

Vous êtes invité à vous rendre le samedi 29 avril, à 7 heures 1/2 du matin, rue J.-J. Rousseau, 35, pour accompagner votre bannière qui, représentant la fraternité des peuples, va, par sa présence, protester contre la tyrannie et assurer aux générations futures l'avenir de la liberté.

V∴ TAVERNIER.

Le rite de Misraïm, croyons-nous, s'abstint de tout acte officiel.

La cour du Louvre. — Dès huit heures du matin, une compagnie de gardes de la Commune formait la haie sur toute la longueur de la rue de Marengo jusqu'à la porte du Louvre qui donne dans la rue de Rivoli.

Les loges sont arrivées bannière en tête, les membres de l'atelier portant les insignes de leur grade.

Nous pénétrons dans la cour, où règne un certain recueillement. Pour un spectateur habitué aux foules, nous sommes frappés de la gravité des manifestants. Nous voyons bien que les gens qui ont arboré au grand jour les emblèmes présidant aux travaux de la franc-maçonnerie — emblèmes d'égalité, de paix et de travail — remplissent une mission et accomplissent un devoir.

Les francs-maçons des communes suburbaines, bannières en tête, traversent les portes à huit heures pour se rendre à la manifestation.

Ils sont partout salués sur leur passage.

Ordre du cortége. — Vers dix heures, la porte qui met en communication la cour du Louvre avec la place du Carrousel est ouverte, et, en rang, les francs-maçons se dirigent vers les Tuileries.

Le défilé a duré fort longtemps; les bannières se sont rangées dans la cour d'honneur, groupant autour d'elles les membres de la loge dont elles sont le drapeau.

Beaucoup d'officiers de loges ont sur la poitrine les insignes de leurs fonctions : les chevaliers rose-croix ont au cou leur cordon rouge, et les chevaliers kadoches portent en sautoir l'écharpe noire frangée d'argent.

Des gardes nationaux, des francs-tireurs avec les costumes du siége, des chasseurs fédérés, quelques soldats, entre autres un commandant de la ligne, sont là avec leurs cordons *et sans armes.*

Tous graves ; tous convaincus !

Ce spectacle est réellement imposant.

Comme piquet et suite d'honneur, il y a en tête de la manifestation des chasseurs de la Commune — avec le pantalon bouffant, comme les turcos, et en queue le 129ᵉ bataillon de la garde nationale.

Ces troupes sont aussi sans armes ni buffleteries.

Mais tout à coup des fanfares résonnent dans la rue de Rivoli : un bataillon entre dans la cour du Carrousel et se met en bataille devant le pavillon Rohan. Un autre bataillon, musique en tête, entre dans la cour d'honneur ; il est précédé de quatre officiers supérieurs de l'état-major à cheval et par cinq membres de la Commune, délégués désignés par le sort : Félix Pyat, Lefrançais, Frankel, Clément et Pottier.

Il est dix heures et demie, tous les francs-maçons ne sont pas encore entrés dans la cour des Tuileries pour prendre leur rang dans le cortége.

La foule s'est amassée tout le temps, et elle est si grande que cela rappelle, comme physionomie du Carrousel, les jours où il y avait ouverture des Chambres et discours du trône.

Le cortége est parti à onze heures de la cour d'honneur du Louvre, musique jouant, pour l'Hôtel-de-Ville.

Passage à l'Hôtel-de-Ville. — Les membres de la Commune sont en avant, mêlés à des dignitaires francs-maçons.

A l'Hôtel-de-Ville, les bannières et leurs porteurs pénètrent sous la porte de l'Horloge.

La franc-maçonnerie est reçue par tous les membres de la Commune, qui s'étaient placés sur le balcon, en haut de l'escalier d'honneur, devant la statue de la République, ceinte d'une écharpe rouge et entourée de trophées des drapeaux de la Commune.

Les bannières maçonniques vinrent se placer méthodiquement sur les marches de l'escalier.

Le citoyen Félix Pyat prit alors la parole et dit :

« Frères, citoyens de la grande patrie, de la patrie universelle, fidèles à nos principes communs : Liberté, Égalité, Fraternité, et plus logiques que la *Ligue des droits de Paris*, vous, francs-maçons, vous faites suivre vos paroles de vos actions.

» Aujourd'hui les mots sont peu, les actes sont tout. Aussi, après avoir affiché votre manifeste — le manifeste du cœur — sur les murailles de Paris, vous allez maintenant planter votre drapeau d'humanité sur les remparts de notre ville assiégée et bombardée.

» Vous allez protester ainsi contre les balles homicides et les boulets fratricides au nom du droit et de la paix universelle.

» Aux hommes de Versailles, vous allez tendre une main désarmée, — désarmée, *mais pour un moment* — et nous, les mandataires du peuple et les défenseurs de ses droits ; nous, les élus du vote, nous voulons nous joindre tous à vous, les élus de l'épreuve, dans cet acte fraternel.

» La Commune avait décidé qu'elle choisirait cinq de ses membres pour avoir l'honneur de vous accompagner, et il a été proposé, justement, que cet honneur fût tiré au sort ; le sort a désigné cinq noms favorisés pour vous suivre, pour vous accompagner dans cet acte glorieux, victorieux.

» Votre acte, citoyens, restera dans l'histoire de la France et de l'humanité. »

Le citoyen Beslay, âgé de soixante-seize ans, doyen d'âge de la Commune, dont il est membre, et de la franc-maçonnerie dont il fait partie, parla en sa double qualité et promit à ses frères de la franc-maçonnerie et à ses collègues de la Commune de faire son devoir jusqu'au bout en allant aux remparts avec eux, placer les bannières de paix et combattre les soldats de Versailles, s'ils osaient tirer sur eux.

Un franc-maçon, une bannière à la main s'écria :

« Je réclame l'honneur de planter la première bannière sur les remparts de Paris, la bannière de la *Persévérance* qui existe depuis 1790. »

Le citoyen Léo Meillet, membre de la Commune,

présenta aux francs-maçons, au nom de cette dernière, un beau drapeau rouge frangé d'or, en leur disant que la Commune de Paris leur confiait son étendard, afin qu'ils aillent le planter à côté des leurs, pour montrer à tous les francs-maçons que la Commune partageait leurs doctrines humanitaires, et comme eux désirait la paix universelle entre tous les membres de la grande famille humaine ; mais que, d'un autre côté, elle était décidée à lutter jusqu'au bout pour la défense et le triomphe de la justice et du droit.

« C'est le drapeau de la Commune de Paris, que la Commune va confier aux francs-maçons. Il sera placé au-devant de vos bannières et devant les balles homicides de Versailles.

» Quand vous les rapporterez, ces bannières de la franc-maçonnerie, qu'elles reviennent déchirées ou intactes, le drapeau de la Commune n'aura pas faibli. Il les aura accompagnées au milieu du feu. — Ce sera la preuve de leur union inséparable. »

Le F.·. Thirifocq, vieillard à la barbe blanche, dignitaire de l'ordre maçonnique, prit le drapeau de la Commune, en disant qu'il remerciait cette dernière au nom de ses frères ; que ces derniers acceptaient ce drapeau comme un gage d'union indissoluble entre la franc-maçonnerie, non-seulement de Paris, mais du monde entier et de la Commune.

Et termina en disant :

« Maintenant, citoyens, plus de paroles, à l'action!»

La musique joua la *Marseillaise*, et c'est au chant de l'hymne de Rouget de l'Isle que le cortége de la franc-maçonnerie, accompagné des membres de la Commune, se mit en marche:

Marche du cortége.—A midi, le tambour bat, le cortége se reforme, et au même instant un petit ballon en baudruche, sur lequel on peut lire avec les trois points maçonniques, ces mots :

LA COMMUNE A LA FRANCE ,

s'élance dans les airs, emportant pour la province la nouvelle de cette imposante manifestation.

On se rendit à la place de la Bastille, « en pèlerinage au monument des martyrs de la liberté. » Puis le cortége descendit tous les boulevards jusqu'à la Madeleine , où il prit la rue du Faubourg-Saint-Honoré.

Devant le café de Madrid, un spectateur s'approche d'un franc-maçon et lui demande:

« Où allez-vous?

— Là où il y a le plus de danger, » lui fut-il répondu.

Réponse sublime, et pourtant simplement faite par celui à qui la question avait été posée.

Tous les membres de la Commune sont en tête, ceints de leur écharpe; quelques-uns portent des insignes francs-maçonniques.

Après eux, trois compagnies de turcos de la Commune, sans armes, sont conduites par des officiers francs-maçons; puis les délégations francs-maçonniques, au nombre de cinquante-neuf, suivent avec chacune leur bannière.

Sur la première bannière, tenue par un artilleur, on lit cette inscription : « *Aimons-nous les uns les autres !...* »

Quelques femmes, ornées de cordons maçonniques, sont également mêlées au cortége, et un zouave, qui porte une bannière, est entouré de deux de ces franches-maçonnes.

Après les francs-maçons viennent les voitures portant les grands dignitaires, et dans l'une on remarque un membre de la Commune, revêtu des insignes maçonniques, le bras en écharpe et la tête emmaillottée de linges.

Le cortége est acclamé sur toute la route par les cris de : Vive la Commune! mais *surtout* de : Vive la République! et les acclamations redoublent, soit parmi les acteurs de la manifestation, soit parmi les spectateurs.

Aux remparts. — La manifestation s'arrête avenue Friedland, à la hauteur du n° 59. Il est deux heures. Les bannières se réunissent en un seul groupe. Des estafettes partent en avant. Ordre est donné de cesser le feu. Il pleut. — Le drapeau parlementaire est arboré sur la barricade construite en avant de l'arc de l'Étoile.

Une délégation, composée de tous les vénérables accompagnés de leurs bannières respectives, s'avance par l'avenue de la Grande-Armée. Les bannières sont plantées sur les remparts, aux postes les plus dangereux, de cent mètres en cent mètres, de la porte Dauphine jusqu'au delà de la porte Maillot.

Les francs-maçons sont accueillis avec le plus grand enthousiasme par les gardes nationaux et les artilleurs.

Le groupe principal des délégués — au nombre de quarante environ — franchit les travaux de la porte

Maillot et s'avance, bannière en tête, par la grande avenue de Neuilly, sur la barricade versaillaise du pont de Courbevoie.

On les suit des yeux avec angoisse. Mais décidément les canons de Versailles ont suspendu leur feu.

Au pont, le général Leclerc reçoit les délégués et les conduit au général Montaudon, commandant supérieur des opérations sur ce point.

Trois délégués seulement, les frères Thirifocq, Fabreguette et Levacque, eurent la permission de passer, les yeux bandés, les lignes versaillaises.

Le général Montaudon, franc-maçon lui-même, accueillit ses frères avec déférence, courtoisie, et par les saluts maçonniques ; mais il leur déclare qu'il n'est que le soldat, le bras qui exécute. Il a pu prendre sur lui d'arrêter le feu, à la vue des bannières maçonniques, mais il n'a pas le pouvoir d'accorder une trêve bien longue. Il engage donc les frères à envoyer des députés à Versailles. Il met une voiture à leur disposition, et deux des dignitaires se mettent aussitôt en route pour aller trouver le chef du pouvoir exécutif.

Le troisième fut renvoyé à Paris — celui qui portait la bannière blanche — il était porteur d'une lettre des frères Thirifocq et Fabreguette qui, lue aux délégués de la maçonnerie et de la Commune, fut portée à l'Hôtel-de-Ville par Félix Pyat.

Enfin, vers cinq heures trente minutes du soir, le feu cesse définitivement du côté des Versaillais. On parlemente, et les deux délégués de la franc-maçonnerie se rendent à Versailles.

Il est convenu de part et d'autre que le feu ne pourra être repris qu'après le retour des délégués.

Dans Paris on dit que deux francs-maçons ont été touchés par les obus versaillais.

Quoique témoin oculaire, nous n'avons rien su de ces accidents; mais il n'y aurait rien eu d'étonnant à ce que cela fût arrivé : les obus tombaient en assez grande quantité.

Mais, je le répète, je n'ai vu aucun frère de blessé, et ce n'est qu'en rentrant dans Paris que j'appris ce bruit, démenti d'ailleurs par plusieurs journaux et entre autres par la *Vérité*.

La nuit. — Les porte-bannières passèrent la nuit auprès des étendards maçonniques sur les remparts. Les frères de la manifestation rentrent chez eux, sauf une centaine de maçons qui se constituent en permanence salle Dourlans, avenue de Wagram.

LA JOURNÉE DU 30.

A six heures du matin, les délégués rentrent. Ils n'ont pas plus obtenus que leur devanciers. M. Thiers ne peut pas traiter avec l'émeute. Que Paris se rende !

Les frères présents à la salle Dourlans, où s'étaient rendus les frères Thirifocq et Fabreguette, sont d'avis de maintenir leurs bannières sur les remparts et s'engagent à prendre les armes, si elles sont touchées par les projectiles versaillais.

Vers cinq heures du soir, un capitaine vint prier les curieux qui stationnaient à la porte Maillot de circuler, car, d'un instant à l'autre, le feu pouvait reprendre.

A huit heures, la cannonade reprit en effet avec une violence extrême ; on eût dit que de chaque côté on voulait rattraper le temps perdu.

Un peu avant, des bannières avaient été retirées ; il en resta quelques-unes pourtant que l'on alla retirer le 2 mai.

Le *Cri du peuple* raconta cette retraite des bannières de la façon suivante :

Le **2** mai, le lieutenant d'artillerie Prost, de la demi-batterie avancée de la **porte Maillot**, garde-barrière, par-

lementaire de la franc-maçonnerie, a été avec le frère
Levacque, porte-bannière parlementaire, relever les bannières atteintes par les projectiles versaillais. Il a dû
les rallier (1) à des hampes d'écouvillon. Avec les frères
Levacque et Lecomte-Minor, il a relevé les bannières,
sœurs, en dépit du feu de l'ennemi.

Les frères Levacque et Lecomte-Minor, que nous avons
vus porteurs de leurs insignes maçonniques, le fusil en
main, ont rejoint leurs autres frères aux avant-postes
avancés.

Ainsi se termina cette manifestation, une des plus
imposantes que nous ayons vues et qui nous a rendu
fier d'être maçon, tout en regrettant qu'un appel aux
armes et des paroles de menace aient été proférés
par des hommes, des frères, qui devaient donner avant
tout le spectacle de la concorde, de l'union et de la
mansuétude.

(1) Ce mot *rallier* voulait sans doute dire que les hampes des
bannières étant brisées, on les avait liées à des hampes d'écouvillon.

PROTESTATIONS CONTRE LA MANIFESTATION

CHAPITRE III

La maçonnerie hors de son rôle. — Opinion du *Siècle*. — Lettres de MM. Jules Prunelle, Malapert, Ernest Hamel et Berumann.— Réunion des Vénérables de la rue Cadet. — Le but de la manifestation avoué par la Commune.

Les protestations que notre devoir de maçon et d'historien nous oblige de publier ont ceci de remarquables, c'est qu'elles tendent toutes à dégager la corporation maçonnique d'un acte provenant de l'initiative privée; de plus, ces protestations ne portent pas tant sur l'acte lui-même qui est admirable (et nous sommes trop peu prodigue de louanges pour que ce mot n'ait pas ici une grande valeur) que sur le but inavoué de tacher de sang le drapeau bleu de la franc-maçonnerie.

Se mettre, désarmé, entre deux combattants furieux, il n'est pas un maçon qui ne le fera ; car le mot fraternité n'existe pas seulement écrit sur ses temples, il est aussi gravé dans son cœur; mais prendre parti pour l'un et chercher à tuer l'autre, ce n'est plus le fait d'un maçon, c'est d'un mauvais citoyen ; et le frère qui se livre à un pareil acte doit cacher qu'il est maçon et non plus chercher à s'en faire une arme de plus.

Le *Siècle* avait parfaitement résumé le but de cette manifestation :

« Il s'agissait de faire publiquement acte d'adhésion à la Commune et d'aller ensuite planter les bannières de l'ordre maçonnique sur la porte Maillot. »

Voici maintenant quelques documents communiqués à la presse parisienne :

Paris, 30 avril 1871.

Monsieur,

Je viens de lire dans le *Journal officiel* de la Commune le compte-rendu d'une manifestation de francs-maçons qui a eu lieu hier, sous le *prétexte* de faire de la conciliation entre Paris et Versailles, mais en réalité — c'est facile à voir — pour engager la franc-maçonnerie tout entière à prendre parti dans un horrible conflit qui, pour le malheur de tous, dure depuis trop longtemps déjà.

Permettez-moi, monsieur, comme franc-maçon, de protester ici de toute mon énergie contre cette prétention. Il n'appartient ni à un ni à plusieurs de parler au nom de

la franc-maçonnerie, de se substituer à elle et de déna-
turer son esprit. La franc-maçonnerie est essentiellement
démocratique, pacifique et libérale — il n'y a pas un seul
initié qui ne le sache — son rôle dans la lutte actuelle
était donc tout tracé : calmer les adversaires, pour arri-
ver sincèrement à les réconcilier.

Plusieurs des manifestants en ont jugé autrement, ou-
bliant que, dans le camp de ceux qu'ils traitent d'enne-
mis, il se trouve grand nombre de francs-maçons ; ils
ont, par leurs discours, jeté de l'huile sur le feu — et,
usurpant un droit qui ne leur appartient pas, transformé
nos bannières de paix en étendards de guerre civile — et
voulu engager toute la maçonnerie dans un conflit mons-
trueux.

Ne serait-il pas temps enfin qu'en franc-maçonnerie,
comme en politique, on supprimât toute espèce d'usur-
pation, en laissant à chacun son droit intact et la faculté,
dès lors, d'exprimer sa volonté? Ce serait là, probable-
ment, la fin de toutes les luttes qui nous agitent si dou-
loureusement.

Recevez, monsieur, l'assurance de mes sentiments dis-
tingués.

JULES PRUNELLE,
ex-vénérable de la loge *Mutualité.*

L'orateur du Suprême Conseil — rite Écossais —
par cette lettre très-digne, cherche autant que pos-

sible à détruire le déplorable effet que faisait dans les rangs des *profanes* l'attitude de quelques *frères* :

Paris, ce 1er mai 1871.

Monsieur le Rédacteur en chef,

Vous avez annoncé hier qu'aujourd'hui lundi le suprême conseil tiendrait une réunion.

Si vous aviez indiqué l'heure et le lieu de cette réunion, je me serais fait un devoir d'y assister ; mais, aucune convocation n'ayant été faite,

Moi, gardien des règlements généraux,

Je proteste, dès à présent, contre toutes résolutions arrêtées en dehors de la grande loge centrale de France, et je rappelle à mes frères que le maçon ne doit combattre que l'étranger envahisseur.

Recevez l'expression de mes meilleurs sentiments.

F. MALAPERT,
orateur du Suprême Conseil.

Au Vénérable de la L∴ l'*Avenir* O∴ de Paris.

Cher Vénérable,

J'apprends avec tristesse que dans une réunion, à laquelle je n'ai pu assister, il a été décidé que la maçonnerie planterait son drapeau sur les remparts de Paris, et que dans le cas où il viendrait à être troué par une balle, elle se jetterait en corps dans la lutte.

Cette réunion a, selon moi, dépassé son droit, en engageant de la sorte la franc-maçonnerie.

Que, comme citoyen, chacun de ses membres adopte tel parti qu'il lui conviendra d'adopter, c'est son droit; mais, comme corporation, la franc-maçonnerie ne saurait, sans être infidèle à sa loi primordiale, quitter le terrain de la conciliation basée sur la reconnaissance de nos franchises municipales.

C'est sous l'impression de cette idée conciliatrice qu'elle a envoyé deux délégations à Versailles, et l'adoption du rapport de ses derniers délégués impliquait virtuellement la continuation des tentatives d'apaisement et de concorde.

Là était le véritable rôle de la franc-maçonnerie, qui ne doit pas oublier qu'elle a des adeptes dans les deux camps.

Comme maçon et comme membre de la délégation nommée en vue d'une conciliation possible, je ne crois pas devoir la suivre dans la voie nouvelle où l'on semble l'engager, et j'ai la certitude de rester en cela le serviteur dévoué de la République démocratique, une et indivisible.

ERNEST HAMEL,
ex-vénérable de la loge l'*Avenir*.

Paris, 26 avril 1871.

Cher Vénérable,

J'ai répondu avec empressement à l'appel que vous avez fait aux vénérables dans le but d'arrêter l'effusion du sang entre Paris et Versailles.

Notre rôle, tout de conciliation, est parfaitement défini. J'ai accepté de grand cœur la mission qui m'a été confiée par nos frères, et je l'ai remplie dans la mesure de mes moyens.

Mais aujourd'hui que la maçonnerie entre dans une voie que je trouve en complète contradiction avec ses principes, je ne crois pas devoir la suivre sur le terrain nouveau où on semble vouloir l'entraîner.

Salut et fraternité.

N. BERUMANN.

On lit dans l'*Avenir national*, le document suivant, qui démontre que si l'unanimité des maçons consentaient à une intervention pacifique, quelque danger qu'il y eût pour eux, une infime minorité tentait d'entraîner les frères à une levée d'hommes pour le combat :

Le président de la réunion de vénérables de la franc-maçonnerie, tenue hier vendredi, rue Cadet, nous demande l'insertion de la note suivante :

« De par l'initiative personnelle d'un vénérable, les présidents des loges maçonniques de Paris ont été convoqués dans le local de la rue Cadet, pour vendredi soir, à l'effet de s'entendre sur la réunion annoncée par divers journaux comme devant avoir lieu ce matin samedi, dans la cour du Louvre.

» Trente-quatre membres ont signé la feuille de présence.

» La séance ouverte, le frère qui remplissait les fonctions d'orateur, dans l'assemblée de jeudi au théâtre du Châtelet, a fait demander expressément qu'il fût inséré au procès-verbal que les conclusions qu'il a prises, et qui sont les seules que l'assemblée ait adoptées, n'ont été autres que les conclusions, ayant un sens essentiellement conciliateur et pacifique, du rapport de la commission d'initiative.

» Plusieurs membres de cette commission ont, à leur tour, déclaré donner leur démission, parce que les notes publiées récemment par le *Journal officiel* de Paris, sur des résolutions attribuées à l'assemblée du Châtelet, tendaient complétement à faire sortir la franc-maçonnerie de ses principes et de ses vœux de persuasion et de paix.

» Le vénérable qui présidait la même assemblée a expliqué que son intention, conforme d'ailleurs au vote émis, avait été de rester fermement, mais exclusivement, dans les voies de la conciliation.

» Après ces diverses explications, aucune voix ne s'est

élevée pour soutenir l'idée de l'appel aux armes dont ont parlé certains journaux.

» Un long examen de la situation a été fait par plusieurs frères, et finalement un vote individuel a eu lieu duquel il résulte ce qui suit : .

» La majorité de la réunion a considéré que l'assemblée du Châtelet n'avait eu, en droit maçonnique, comme en fait, qu'un caractère purement individuel n'engageant en aucune manière le congrès de la franc-maçonnerie;

» Qu'en l'absence de toute décision formelle, soit du Grand-Orient de France, soit du suprême conseil, soit même des loges considérées isolément, la réunion de la cour du Louvre se trouverait dans le même cas;

» Qu'en conséquence la responsabilité des faits pouvant survenir, devait rester purement individuelle.

» La même majorité a exprimé l'avis que la réunion de la cour du Louvre fût ajournée et que des affiches fissent connaître cette opinion. »

Le but de la manifestation avoué par la Commune. — Dans le journal le *Cri du peuple*, journal rédigé par M. J. Vallès, membre de la Commune, — celui qui a donné son écharpe à la franc-maçonnerie qui n'en avait que faire, — on lisait ceci à la date du 2 mai:

« Sur le refus de monseigneur Thiers d'accepter aucune conciliation, les Loges se sont réunies à la

presque unanimité. Après avoir épuisé tous les moyens humanitaires, la guerre à outrance a été votée.

» On voulait se former en légion sacrée et se faire tuer aux pieds des bannières ; mais il a été résolu, comme plus sage, *de répartir, dans les bataillons, les 15 à 20,000 frères de bonne volonté. Les autres iront dans la province prêcher la croisade maçonnique*, marchant bannière au vent, soulevant les populations devant l'autel de la fédération. »

Voilà ce que voulait la Commune et ce à quoi elle cherchait à amener d'honnêtes personnes qui un instant se sont trouvées en bien mauvaise société.

Non ! jamais la maçonnerie ne se fera le Pierre l'Hermite des guerres civiles; jamais elle ne descendra au rôle de commis-voyageur d'un parti politique.

Elle est pour la liberté, et non pour aucun despotisme, pas plus celui d'un seul que celui de tous. S'il fallut la force pour briser les chaînes de la féodalité, les idées maçonniques avaient précédé le bras de ses adeptes.

Quand on est le droit on est la force aussi.

L'oppression même double cette force, et la rend, au moment précis, plus redoutable et plus invincible.

Quand on n'est que la force, on ne peut pas être le droit.

Les Prussiens et la Commune nous l'ont montré à quelques jours de distance.

FÉDÉRATION DES F∴ M∴
ET DES COMPAGNONS RÉUNIS

CHAPITRE IV

La suite de tout ceci. — Les meneurs ne se sont pas bornés aux francs-maçons ; ils ont aussi fait appel aux compagnons et même aux BB.·. CC.·. FF.·. Charb.·. (bons cousins frères charbonniers : les *carbonari*).

On a fait réunions sur réunions, et chaque fois il s'y trouvait moins de membres.

L'*Officiel* publiait des notes comme celle-ci :

La franc-maçonnerie a fait partir hier deux ballons de la place de l'Hôtel-de-Ville, l'un à deux heures, l'autre à quatre heures et demie.

Ces ballons portaient les emblèmes maçonniques des trois rites réunis, et étaient chargés de circulaires adressées aux loges de la province.

Le vent les a portés dans la direction du nord.

Et cela s'est terminé par une nouvelle fédération

destinée à amener quelques personnes de plus au secours du plus abominable pouvoir auquel Paris ait été en butte depuis les Barbares :

La fédération des francs-maçons et des compagnons réunis.

Les francs-maçons et compagnons fédérés ont établi pour les vingt arrondissements, par une délégation, un service officieux qui a pour but de signaler à toutes les administrations civiles et militaires les abus qui existent ; ils recueilleront également les plaintes pour y porter remède.

Ils se proposent de faire exécuter strictement les décrets de la Commune. Un bureau est établi dans chaque mairie.

Pour moi, maçon de cœur, d'esprit et de raisonnement, je demande que les FF∴ qui, *maçonniquement*, se sont occupés de questions militaires et de guerre à outrance, soient mis entre les deux colonnes du temple.

Je parle à des Initiés, à nos Sub∴ Mys∴, ils me comprendront.

Voici le manifeste que les ballons lancés de l'Hôtel-de-Ville étaient chargés de semer en province :

FÉDÉRATION DES FRANCS-MAÇONS

ET COMPAGNONS DE PARIS.

Les francs-maçons et compagnons de Paris à leurs frères de France et du monde entier.

» Frères,

» C'est à vous tous que nous nous adressons :

» Francs-maçons de tous les rites et de tous les orients,

» Compagnons de toutes les corporations,

» Vous le savez, les francs-maçons sont des hommes de paix, de concorde, de fraternité, d'étude et de travail ; ils ont toujours lutté contre la tyrannie, le despotisme, l'hypocrisie, l'ignorance. . . . .

» Ils défendent sans cesse les faibles courbés sous le joug de ceux qui les dominent, leurs adeptes couvrent le monde entier ; ce sont des philosophes qui ont pour préceptes : *la morale, la justice, le droit.*

» Les compagnons sont aussi des hommes qui pensent, réfléchissent et agissent pour le progrès et l'affranchissement de l'humanité.

» A l'époque malheureuse que nous traversons, lorsque le fléau de la guerre a été déchaîné par les despotes pour anéantir plus particulièrement la *noble nation française ;*

» Quand cette belle France qui, pour tout le monde, est l'espérance des opprimés, se voit réduite à merci et que Paris, sa capitale, est le but d'attaques épouvantables et fratricides ;

» Les francs-maçons et les compagnons sortent les uns et les autres de leurs sanctuaires mystérieux, tenant de la main gauche la branche d'olivier, symbole de la paix, et de la main droite le glaive de la revendication.

» Attendu que les efforts des francs-maçons ont été trois fois repoussés par ceux-là mêmes qui ont la prétention de représenter l'ordre, et que leur longue patience est épuisée, tous les francs-maçons et les compagnons doivent prendre l'arme vengeresse et crier :

» Frères, debout ! que les traîtres et les hypocrites soient châtiés !

» Frères de la maçonnerie universelle, frères, compagnons, écoutez !

» Les francs-maçons ont, dans la journée du 22 avril, envoyé à Versailles porter au chef du pouvoir exécutif des paroles d'apaisement et de conciliation; leurs délégués étaient accompagnés de deux citoyens désignés par les chambres syndicales de Paris; ils n'ont pu obtenir qu'une trêve de neuf heures pour faire sortir les malheureuses et innocentes victimes qui périssaient dans les caves des communes de Neuilly, des Ternes, de Levallois, de Clichy.

» Les hostilités ayant été reprises avec une haine indescriptible par ceux qui osent bombarder Paris, les francs-maçons se réunirent le 26 avril au Châtelet et décidèrent que le samedi 29 ils iraient solennellement faire adhésion à la Commune de Paris, et planter leurs bannières sur les remparts de la ville, aux endroits les plus menacés, espérant qu'elles amèneraient la fin de cette guerre impie et fratricide.

» Le 29 avril les francs-maçons, au nombre de 10 à 11,000, se rendirent à l'Hôtel-de-Ville, suivant les grandes artères de la capitale, au milieu des acclamations de toute la population parisienne ; arrivés à l'avenue de la Grande-Armée, malgré les bombes et la mitraille, ils arborèrent 62 de leurs bannières en face des assaillants.

» Leur bannière blanche : *Aimons-nous les uns les autres*, s'avançant sur les lignes versaillaises, fît cesser le feu de la porte Dauphine à la porte Bineau : la tête de leurs profondes colonnes atteignit seule la première barricade des assaillants.

» Trois francs-maçons furent admis comme délégués.

» Ces délégués, n'ayant obtenu qu'une courte trêve

des généraux auxquels ils s'étaient adressés à Neuilly, à Courbevoie et à Rueil, où les populations les acclamaient aux cris de vive la Maçonnerie, vive la Commune, deux d'entre eux, cédant à l'instance des généraux, qui déclarèrent d'ailleurs qu'ils ne pouvaient pas être leurs interprètes, allèrent à Versailles, sans mandat et contrairement à la ligne de conduite qu'ils s'étaien t tracée, mais pour démontrer une fois de plus que toute tentative nouvelle de conciliation était inutile.

» Ils n'obtinrent rien, absolument rien, du chef du Pouvoir exécutif.

» Le feu, interrompu le 29, à quatre heures de relevée, recommença plus formidable, accompagné de bombes incendiaires, le 30, à sept heures quarante-cinq minutes du soir. La trêve n'avait donc duré que vingt-sept heures quarante-cinq minutes.

» Une délégation de francs-maçons, placée à la porte Maillot, a constaté la profanation des bannières.

» C'est de Versailles que sont partis les premiers coups, et un franc-maçon en fut la première victime.

» Les francs-maçons et les compagnons de Paris, fédérés à la date du 2 mai, s'adressent à tous ceux qui les connaissent.

» Frères en maçonnerie et frères compagnons, nous n'avons plus à prendre d'autre résolution que celle de combattre et de couvrir de notre égide sacrée le côté du droit.

» Armons-nous pour la défense !

» Sauvons Paris !

» Sauvons la France !

» Sauvons l'humanité !

» Paris, à la tête du progrès humain, dans une crise suprême, fait son appel à la *Maçonnerie universelle*, aux compagnons de toutes les corporations ; il crie : *A moi les enfants de la veuve !*

» Cet appel sera entendu par tous les francs-maçons et compagnons ; tous s'uniront pour l'action commune, en protestant contre la guerre civile que fomentent les souteneurs de monarchie.

» Tous comprendront ce que veulent leurs frères de Paris, c'est que la justice passe de la théorie à la pratique, que l'amour des uns pour les autres devient la règle générale, et que l'épée n'est tirée du fourreau, à Paris, que pour la légitime défense de l'humanité.

» Non ! frères maçons et compagnons, vous ne voudrez pas permettre que la force brutale l'emporte, vous ne supporterez pas que nous retournions au chaos, et c'est ce qui adviendrait, si vous n'étiez pas avec vos frères de Paris qui vous appellent à la rescousse.

» Agissez de concert, toutes les villes ensemble, en

vous jetant au-devant des soldats qui combattent bien malgré eux pour la plus mauvaise cause, *celle qui ne représente que des intérêts égoïstes*, et entraînez-les à servir la *cause de la justice et du droit*.

» Vous aurez bien mérité de la patrie universelle, vous aurez assuré le bonheur des peuples pour l'avenir.

» Vive la République !

» Vivent les Communes de France fédérées avec celle de Paris !

» Paris, le 5 mai 1871.

» *Pour les francs-maçons et les délégués compagnons de Paris.* »

(Suivent les signatures.)

Depuis, la maçonnerie n'a plus été mise en avant. La Commune l'avait exploitée, puis elle la rejeta ne laissant qu'un regret, — que dis-je ? un remords — au cœur des honnêtes maçons, qui ont cru faire œuvre fraternelle en prêtant leur concours d'un jour au gouvernement qui devait incendier Paris.

Mais la franc-maçonnerie sort intacte de cette aventure.

Sa belle robe blanche et son beau drapeau d'azur ne sauraient être souillés par la boue ni le sang dont quelques misérables ont cherché à les tacher.

L'importance des faits qui se sont passés à Paris est telle, que dès que les communications ont été possibles avec la province, les membres du Conseil de l'Ordre, présents à Paris, se sont empressés d'adresser aux loges de l'Obédience et du monde entier cette lettre, qui n'est que l'amplification de leur protestation du 29 avril :

Grand-Orient de France.
Suprême Conseil pour la France et les possessions françaises.

—

O∴ de Paris, le 29 mai 1871 (E∴ V∴.)

Aux RR∴ Ateliers de l'Obédience.

TT∴ CC∴ FF∴,

Les criminels et douloureux événements dont Paris vient d'être le théâtre ont donné lieu, de la part d'un certain nombre de francs-maçons, à des actes qui ont ému à juste titre la maçonnerie, non-seulement en France, mais à l'étranger. Ces actes, la conscience publique en a déjà fait justice. D'ailleurs, les principes de notre institution et ses lois interdisaient absolument les manifestations auxquelles s'est livré ce groupe de francs-maçons, ou soi-disant tels, recrutés pour la plupart on ne sait où, et dont la majeure partie, nous sommes heureux de le constater, n'appartenait pas à l'Obédience du Grand-Orient de France.

Il n'est pas dans les attributions du Conseil de l'Ordre de statuer sur des faits de cette nature, à moins d'en être régulièrement saisi , l'assemblée générale du Grand-Orient a seule qualité pour en connaître. Mais ce que nous tenons à déclarer bien haut, c'est que si le Grand-Orient de France n'a pu, par suite de la dissémination de ses membres, empêcher de pareils actes, il les a réprouvés et n'y a participé en aucune manière.

Dès le 29 avril, le jour même où avaient lieu ces coupables manifestations, et avec l'immense regret de n'avoir pu agir plus vite, les membres présents du Conseil de l'Ordre adressaient à tous les présidents d'ateliers et faisaient insérer dans divers journaux une protestation contre les résolutions prises dans une assemblée de francs-maçons, au Châtelet ; la veille, une réunion nombreuse de Vénérables des loges de Paris avait également protesté et tenté d'empêcher ces manifestations. Tous ces efforts ont été vains et sont venus échouer contre des passions soulevées par des influences intéressées et perverses.

Voilà, TT.·. CC.·. FF.·., ce qu'en l'absence du Grand-Maître les membres du Conseil de l'Ordre, présents à Paris, croient devoir, sans tarder, porter à la connaissance de tous les francs-maçons, afin que les actes qui vous ont émus restent tout entiers sous la responsabilité de ceux qui les ont commis, et qu'il soit bien constaté que la maçonnerie française, en tant que corps constitué, ne s'est pas écartée un seul instant des principes qui font sa force et des sages lois qui la régissent.

Agréez, TT.·. CC.·. FF.·., l'assurance de nos sentiments fraternels.

Les membres du Conseil de l'Ordre :

DE SAINT-JEAN, MONTANIER, BÉCOURT, GALIBERT, GRAIN, RENAUD, POULLE, VIÉNOT, PORTALLIER.

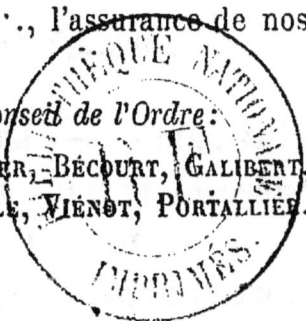

TABLE

CHAPITRE III.

Protestations contre la manifestation.

CHAPITRE IV.

Fédération.